L'INTERVENTION FRANÇAISE

DANS

LES AFFAIRES D'ITALIE

EN 1859

Paris. — Typographie de Firmin Didot frères, fils et Cie, rue Jacob, 56

L'INTERVENTION FRANÇAISE

DANS LES

AFFAIRES D'ITALIE

EN 1859

PARIS

FIRMIN DIDOT FRÈRES, FILS ET CIE, ÉDITEURS

IMPRIMEURS DE L'INSTITUT, RUE JACOB, 56

1859

PRÉFACE.

« L'unité italienne est brisée, mais l'énergie « individuelle subsiste. Que l'unité fédérale, « la seule unité possible aujourd'hui en Italie, « vienne à se renouer, et le monde sera étonné « de sa supériorité intellectuelle dans tous les « genres de culture d'esprit dont la nature a « doué les Italiens modernes. Mais cette unité « fédérale de l'Italie ne se renouera jamais que « sous la pression d'un grand danger commun « à toutes les nationalités morcelées dont la « Péninsule se compose. Cela ne suffit pas; il « faudra encore la tutelle au moins décennale « d'une puissance armée désintéressée de la « victoire et médiatrice, c'est-à-dire que l'u-

« nité ne se renouera que dans le sang, pen-
« dant une grande collision dont les plaines
« de la Lombardie et du Piémont seront une
« centième fois le champ de bataille. Ce n'est
« pas tout encore : il faudra la magnanimité
« généreuse de la puissance libératrice et mé-
« diatrice. L'âme d'un Washington européen
« pourra seule accomplir ce miracle. Avoir
« l'héroïsme de protéger sans avoir l'ambition
« de conquérir, voilà la condition prodigieu-
« sement rare du futur libérateur de l'Italie. »

« LAMARTINE (1856). »

La question d'Italie

devant l'opinion et devant l'histoire.

Une déclaration de guerre, une série de batailles des plus glorieuses pour nos armes, et enfin une paix inattendue, tels sont les faits qui, depuis le commencement de l'année, ont absorbé l'attention et donné lieu à des interprétations si diverses.

Aujourd'hui ces faits appartiennent à l'histoire, qui les jugera; cependant il n'est pas sans intérêt de remonter le courant des opinions au milieu desquelles ils se sont accomplis.

Lorsque c'était encore une question de savoir si la guerre éclaterait, la vieille aristocratie et la noblesse de l'empire semblaient en apparence tout à fait d'accord pour l'approuver et la désirer : les sentiments de ceux-ci ne pouvaient être douteux. Nous voulons croire que, d'un côté comme de l'autre, il n'y avait rien que de patriotique et de généreux dans les espérances que cette guerre pouvait faire naître.

Mais il n'en était pas de même partout, et ceux qui ne voient dans une guerre, quel que soit son but, qu'une baisse des fonds publics et une stagnation des affaires de commerce, ne pouvaient dissimuler leurs cruelles angoisses. Le nombre heureusement en est restreint, et ne pouvait compter qu'à titre d'accident au milieu de l'immense majorité qui acclamait avec joie l'idée de l'indépendance italienne et les glorieuses réminiscences de Castiglione, de Rivoli et de Marengo.

Les organes de la presse dissidente, attentifs à rechercher dans cette guerre ce qu'elle pouvait promettre ou faire craindre pour les intérêts dont ils se sont constitués défenseurs, se tenaient d'abord sur la réserve ; mais devant l'évidence des faits qui se sont déroulés sous les yeux de l'Europe, elle ne pouvait tarder à subir l'entraînement général et à se rallier franchement à une politique qui avait su par tant de modération et de franchise, mettre tous les torts du côté de ses adversaires.

Dans la bourgeoisie, pas n'était besoin de demander à celle qui descend des Bailli, des Guadet, des Roland, des Vergniaud, et de tant d'autres qui ont scellé de leur sang les conquêtes de 89, si elle approuvait une guerre entreprise pour la grande cause de l'indépendance des nations.

Mais il est une opinion avec laquelle il faut toujours compter, sous peine de faire fausse route : c'est celle du peuple, c'est-à-dire de cette masse imposante qui représente la production, celle de l'esprit comme celle de la matière, et qui se compose de tous ceux qui, par leur travail et leur mérite, sont les propres artisans de leur fortune : c'est l'élément démocratique des États. La France en tire toute sa force, sa richesse et même sa gloire par le simple jeu de ses grandes institutions. C'est là qu'il faut tâter l'opinion pour savoir ce qu'elle dit ; là, en effet, pas de feintes ni de partis pris.

Sans inquiétude du lendemain parce qu'il vit au jour le jour, sans préjuges ni autres préférences dynastiques que celles qui lui sont dictées par son bien-être, le peuple, incapable de se laisser dominer par une question d'intérêt quand l'honneur de la France est en jeu, aimant d'ailleurs un gouvernement qui joue cartes sur table et lui donne du travail au dedans, de la gloire au dehors, toujours prêt à lui consacrer ses bras et sa vie, qu'a-t-besoin de feindre? Formé à la brièveté et à la rudesse du langage par la fatigue et la rudesse des travaux, il vous dira en quatre mots son sentiment politique. Quand vous l'aurez pour vous, gouvernements, quels que vous soyez, vous aurez un solide appui qui vous permettra de résister à bien des tempêtes.

Maintenant, si nous fondons toutes ces opinions au grand creuset de l'esprit public, nous verrons bien, quand la fermentation se produira, monter un peu d'écume à la surface et surnager quelques bribes d'égoïsme; mais ce n'est là qu'un résultat accidentel, et qui ne sert qu'à mieux faire ressortir l'inaltérable pureté de l'ensemble et la solidité du fond.

Le gouvernement de l'Empereur, quand il se décida à prendre part à la guerre, ne courait donc pas à l'aventure, puisqu'il s'appuyait sur cette grande force de l'opinion puisée aux sources les plus vives de la nation

. . . .

. . . .

Sous un autre rapport, il n'est pas sans intérêt de remonter dans l'histoire à l'origine de cette question d'Italie.

Des faits analogues à ce qui s'est passé sous le règne de Napoléon III se retrouvent, au huitième siècle, sous la domination des maires du palais.

L'Europe n'avait pas encore à cette époque d'empire d'Allemagne, mais elle était en partie dominée par cette puissance bâtarde des empereurs grecs de Constantinople qui avaient succédé au trône écroulé des Césars.

Ce fut la querelle suscitée à l'évêque de Rome par Léon l'Arménien pour l'abolition du culte des images qui provoqua dans Rome cette révolte par suite de laquelle elle réclama aide et protection des Francs. Charles Martel se disposait à courir à son secours lorsqu'il mourut subitement, léguant sa tâche à son fils Pepin. Celui-ci monte enfin sur les débris du trône de Mérovée, court en Italie, venge le saint-siége et remet au pouvoir romain, malgré les clameurs de Constantinople, quelques-unes de ses conquêtes.

Ainsi fut fondée la puissance temporelle des papes.

Après lui, Charlemagne, sur la demande d'Adrien Ier, franchit les Alpes, défait Didier, le dernier roi des Lombards, et lui substitue sa propre autorité et un reflet de son génie dans la personne de son fils Pepin, qu'il asseoit sur le trône de Pavie.

Charlemagne prend alors en main les rênes de l'empire d'Occident.

Cet empire, qui s'écroule bientôt dans la main débile de ses successeurs, fait passer la domination de la Lombardie aux maîtres de l'Allemagne.

Vers la fin du XIIe siècle, l'empereur Frédéric Barberousse, jaloux de faire sentir aux Lombards le poids de son autorité un instant compromise dans la guerre des Guelfes et des Gibelins, s'avance le fer et la flamme en mains et pénètre jusqu'à la ville de Suse qu'il incendie (1).

(1) Le château de Suse contenait tous les titres de la maison de Savoie. Cet acte de barbarie a excité de la part de l'abbé Guichenon, auteur d'une histoire généalogique de cette maison, une indignation bien légitime, mais dont les termes sont assez curieux pour être rapportés textuellement :

« Ce malheur, dit-il, n'eût pas été trop grand, si Frédé-

En 1208 Milan était gouvernée par Othon Visconti, le plus illustre descendant de cette famille, qui, après s'être enrichie par le négoce, lui fournit des ducs pendant deux cents ans.

Remplacés à leur tour par les Sforza, on voit ceux-ci se maintenir dans la province jusqu'en 1510, époque où Ludovic Marie Sforza, surnommé le Maure, dépossédé de ses États par Louis XII, vient mourir en Flandre, au château de Loches.

Cinq ans après le roi François Ier, couronnant le plus constant de ses vœux, enlevait, sous les murs de Marignan le Milanais à ses princes, pour le reperdre en 1525 contre Charles-Quint à la bataille de Pavie.

Cette belle contrée rentra dès lors sous le giron de la maison d'Autriche, d'où elle ne sortit plus qu'en 1797, sur les champs de bataille de Rivoli et de la Favorite.

Henri IV, ce bon roi et ce grand cœur, en-

« ric, pour se venger, se fût contenté d'exercer sa colère « *sur ses habitants*, sur des pierres et sur des meubles ; mais « l'excès de sa passion l'ayant porté à s'en prendre à des « titres et des papiers d'une si grande conséquence, sans « laisser aucune ressource contre une perte si signalée, il « est malaisé de s'empêcher de déclamer contre cette action « qui tient de la barbarie. »

couragé dans ses vues sur l'Italie par son digne ministre Sully, allait entreprendre de l'arracher à ses dominateurs lorsque le couteau de Ravaillac, en tranchant ces jours précieux, recula de deux siècles et demi la réalisation de ses projets.

Enfin l'Autriche, complétement expulsée de ces contrées en 1800, à la bataille de Marengo, n'y rentre, quinze ans après, qu'en vertu des traités iniques qui viennent d'être déchirés et qui lui attribuèrent en outre la Vénétie à titre d'indemnité de guerre.

Après la bataille de Marengo l'Italie, appelée sans transition de l'état d'esclavage à un affranchissement subit, ne pouvait être abandonnée à elle-même, et c'est ce que le premier Consul, plus tard l'empereur Napoléon, avait compris en la gardant provisoirement sous son sceptre. Mais ce n'est pas en vain qu'elle sera restée quinze ans soumise à la tutelle de la France. Le contact permanent des deux nations sous l'influence des principes de 89, le gouvernement consciencieux des princes français qui succédaient au régime du bon plaisir, l'introduction de nos lois par le Code Napoléon, tous ces rayons d'un même faisceau de lumière, toutes ces causes devaient nécessairement laisser sur cette terre le germe des effets qui viennent de se produire.

La conquête de l'Italie sur l'Autriche était donc la première condition de son indépendance, et si, faute de temps, il n'a pas été donné à Napoléon Ier de voir achever son œuvre, il n'en a pas moins puissamment préparé la voie à son héritier.

Telles sont les principales phases de l'histoire de la Lombardie.

Deux dates vraiment glorieuses pour notre pays se détachent au commencement et à la fin sur une succession de faits où l'ambition et la convoitise occupent, il faut le dire, la plus grande place.

Ces dates sont 773 et 1859.

773, c'est-à-dire la conquête de Charlemagne, mais conquête provoquée par la nécessité de consolider l'autorité naissante des évêques de Rome incessamment menacée par les empereurs d'Orient et la mauvaise foi des rois Lombards ; conquête rendue nécessaire par l'état de dégradation où étaient tombés les peuples et les rois de Lombardie.

1859, c'est-à-dire encore la conquête, mais

la conquête de la lumière sur les préjugés, la conquête de la liberté sur le despotisme, la conquête de l'indépendance sur l'asservissement.

Ainsi, après un intervalle de plus de dix siècles, la France retrouve en Lombardie la flamme de son génie encore épurée par l'œuvre des temps.

Cette petite excursion terminée sur les domaines de l'opinion et de l'histoire, passons à d'autres considérations.

La guerre était-elle nécessaire ?

La guerre était-elle nécessaire? Cette question, que nous ne posons que pour la forme et comme point de départ, a été résolue affirmativement, nous venons de le voir, par la presque unanimité de la nation : elle est donc aujourd'hui hors de cause.

Nous rappellerons, toutefois sommairement, les raisons déterminantes.

Quant aux partisans de l'abstention, leur opinion est respectable si elle est consciencieuse; mais ne dérive-t-elle pas plutôt d'une illusion produite soit par l'amour de la paix poussé à ses dernières limites, soit par une certaine négligence à se rendre compte de la situation que cet éternel *statu quo* nous créait de l'autre côté des Alpes.

En effet, que l'on considère la question, soit au point de vue de l'humanité et de la politique générale, soit dans un intérêt de sécurité pour nos frontières, la guerre sortait également et forcément de ces deux situations

Par ces temps de publicité, il n'est permis à personne d'ignorer la nature des rapports qui existaient entre l'administration autrichienne et ses administrés d'Italie... Ces rapports, difficiles en tout temps, étaient parvenus, depuis les événements de 1848-49, à un degré d'animosité qui ne laissait à l'Autriche d'autre alternative que de céder la place ou de s'y maintenir par la force. Malheureusement pour elle, ce fut ce dernier rôle qu'elle choisit, et elle s'ôta ainsi devant l'Europe et devant l'histoire le mérite d'un sacrifice que, deux mois plus tard, elle allait être obligée de faire à ses opprimés de la veille devenus ses vainqueurs.

Depuis longtemps blâmée et surtout conseillée par les puissances, mais en réalité complétement libre d'agir à sa guise, elle n'avait aucune raison de croire que l'Europe prît jamais la résolution de sortir de ce rôle si commode de conseilleur pour intervenir sérieusement dans ses affaires. D'ailleurs, n'avait-elle pas derrière elle tout le reste de l'Allemagne pour la soutenir dans le cas où quelque velléité de ce genre s'emparerait d'un État plus chatouilleux que les autres sur le point d'honneur?

Telles sont les illusions à la faveur desquelles l'Autriche resserrait chaque jour davantage le cercle de fer de sa domination en Italie. Tels sont aussi les motifs qui faisaient de cette guerre une guerre d'humanité avant d'en faire une guerre de principe et d'honneur pour la France.

Les Italiens, cherchant à se soustraire à tout prix à un joug insupportable, se trouvaient encore heureux, dans leur malheur, d'avoir à leur porte un gouvernement ami tout prêt à leur donner asile sur ses terres, et même à leur faire place dans les rangs de son armée. Ils en étaient donc réduits à déserter leur pays comme un pays maudit.

Revêtir la tunique du soldat et tenir un mousquet sans qu'un ordre sorti d'une bouche autrichienne le forçât d'en diriger le feu sur un compatriote, était pour le transfuge italien une perspective qui n'avait d'équivalent que dans l'espoir de s'en servir bientôt contre ces mêmes Autrichiens.

Le nombre de ceux qui brûlèrent ainsi la politesse à messieurs les recruteurs allemands formait déjà, dans les commencements de 1859, un assez joli noyau au sein de l'armée piémontaise, et les dispositions qu'ils y apportaient recevaient, il faut le dire, le plus sympathique accueil.

De son côté, la Sardaigne, poursuivie par le souvenir de sa défaite de 1849 et l'impatience d'une revanche, avait de bonnes raisons pour ne pas repousser ces volontaires, et les sentiments qu'ils contribuaient à répandre parmi ses troupes allaient au-devant de tous ses vœux. Ne négligeant rien de ce qui pouvait l'engager sans retour dans cette voie, le gouvernement sarde lâchait d'autant plus la bride au libéralisme que sur l'autre rive du Tessin on faisait plus d'arbitraire.

L'Autriche ne pouvait voir dans cette politique et dans l'accueil fait à ses émigrés qu'une excitation à la révolte. Elle en prit ombrage et se mit en mesure de résister; c'était son droit. Elle commença dès lors ces terribles armements dont le bruit, en arrivant jusqu'à toutes les grandes capitales de l'Europe, éveilla l'attention des cours et finit par jeter une certaine émotion dans le public.

Il n'était pas besoin de demander pourquoi tous ces canons et ces soldats. La situation était assez tendue pour faire pressentir une explosion prochaine si l'on n'avisait sans retard.

Des communications fréquentes s'établissent aussitôt entre les cabinets. Après des négociations et des pourparlers interminables, d'honorables efforts allaient aboutir à une solution presque inespérée : la formation d'un congrès. Le principe en était admis par l'Autriche même, sous la condition d'un désarmement général, lorsque celle-ci, poussée par un incroyable vertige, se ravisa tout à coup.

« Non-seulement (dit la circulaire de M. le « comte Walewski, du 27 avril) elle ferme à la « Sardaigne les portes du congrès, elle la som- « me, sous peine de s'y voir contraindre par la « force, de mettre bas les armes sans condition « aucune et dans le délai de trois jours. »

Ainsi l'Autriche, qui avait donné l'assurance qu'elle ne voulait pas commencer les hostilités, manquait à sa parole, *un ultimatum* ainsi posé ne pouvant être pris pour autre chose que ce qu'il était, c'est-à-dire un premier acte d'hostilité flagrante.

D'après cette provocation de l'Autriche et

son intention bien arrêtée d'en venir à cet *ultima ratio* des gouvernements qui n'ont pas raison, la guerre devenait non-seulement nécessaire, mais encore inévitable la France, avant tout autre motif, ne pouvant pas permettre que la clef des Alpes risquât de tomber entre les mains de l'Autriche.

Attitude de l'Empereur pendant les pourparlers

Physionomie de l'Europe.

Aujourd'hui faire l'éloge de l'Empereur est une chose banale ; cependant il est difficile d'imposer silence à son admiration en présence de ce souverain qui, parvenu au faîte de la puissance humaine, ne s'est pas laissé détourner un seul instant, depuis dix ans, du sentier de la justice et de la modération. C'est surtout dans les circonstances qui nous occupent et pendant les pourparlers qui précédèrent la rupture que ses grandes qualités brillèrent dans tout leur jour.

Éclairé par la mauvaise foi de l'Autriche sur ses véritables intentions, poussé vers l'Italie par les penchants de son cœur et le sentiment d'un grand devoir, témoin des ardeurs irréfléchies d'une certaine partie de son propre entourage, sentant frissonner sous sa main l'impatience d'une armée qui n'attend que l'heure de combattre, il ne dévie pas un seul instant de la ligne; calme au milieu de tous les courants qui semblent se disputer l'honneur de l'entraîner, il ne cesse de diriger d'une main toujours sûre le gouvernail qu'il tient de la confiance de son peuple. Gardien des intérêts de la France, il sent tout le poids de cette responsabilité, et c'est justement là ce qui lui donne cette tranquille assurance qui ne se dément jamais. Il se dit que Dieu ne l'aurait pas tiré de sa prison pour le faire monter sur le premier trône du monde, s'il n'avait à lui demander que des vertus communes.

Aussi voyez comme il se prête avec sincérité et complaisance à toutes les combinaisons de la diplomatie pour résoudre une question qui, dans sa conviction, ne pouvait être résolue que par l'épée! Chatouilleux sur le point d'honneur autant que tout soldat de sa vaillante armée, dans son amour pour la paix, il pousse la condescendance jusqu'à consentir à désarmer et à perdre ainsi tout le fruit de ses sacrifices, pour éviter, s'il était encore possible, l'effusion du sang. Guidé par une conviction immuable, aussi loin d'une indigne pusillanimité que de tout entraînement irréfléchi, toujours maître de lui parce qu'il saura toujours s'arrêter à temps, il s'avance pas à pas sur ce terrain brûlant, une main sur son cœur, l'autre sur sa conscience, vers une issue qui se présente enfin telle qu'il l'avait prévue.

. . . .

. . . .

Maintenant, si l'on se reporte à l'état de l'Europe au début des hostilités, on reconnaîtra que le mouvement général des esprits nous était favorable du côté des neutres.

Dans toute l'étendue du Royaume-Uni, de nombreux *meetings*, tout en se prononçant pour la non-intervention, acclamaient avec chaleur l'idée de l'affranchissement de l'Italie. L'Angleterre, d'ailleurs, considérablement affaiblie, sinon épuisée par la guerre d'extermination qu'elle soutenait encore dans l'Inde, ne recrutait qu'à grand'peine, pour sa flotte, des marins qui trouvaient plus d'avantage à servir sur les bâtiments de commerce, et elle ne pouvait songer sérieusement à jouer un rôle actif dans les affaires d'Italie : c'est ce que la chute du ministère *Derby* est venue démontrer.

La Russie, ce pays dont la mission, jusqu'à l'empereur Alexandre II, ne semblait autre que de faire contre-poids à la France pour empêcher le monde de progresser trop vite, la Russie, dis-je, sortait à peine de la crise développée chez elle par la guerre d'Orient. Sébastopol, en lui montrant une fois de plus ce que peut une armée issue d'une grande démocratie comme la France, et ce que vaut l'amitié d'un tel peuple, contribuait à fortifier dans l'esprit du czar les idées de réforme qu'il avait fait asseoir avec lui sur le trône de Pierre le Grand.

L'esclavage aboli en principe dans ses États, d'heureuses modifications dans la hiérarchie sociale, plus d'essor laissé à la manifestation de la pensée ; c'étaient là pour notre pays autant de gages d'estime qui ne pouvaient, dans cette question d'Italie, se traduire autrement que par une adhésion à la politique française. D'ailleurs les sympathies comme les intérêts de la Russie n'ont jamais rien eu de commun avec l'Autriche.

Les États de la confédération germanique, et en première ligne la Prusse, viennent de prouver que, par les mêmes motifs, ils ne se considéraient pas comme indissolublement liés dans les querelles de l'Autriche.

Au midi de la Péninsule, et au moment même où nos armées pénétraient dans la Lombardie, un de ces coups du sort vraiment providentiels supprimait le seul homme qui aurait pu susciter des embarras de ce côté. Le roi Ferdinand IV, seul soutien sérieux de la politique autrichienne en Italie, rendait le dernier soupir à l'heure même où retentissait le premier coup de canon contre cette politique, et son successeur, le jeune prince de Calabre, arrivait juste à point pour rallier Naples au mouvement italien.

Tout semblait donc, dans la physionomie de l'Europe à cette époque, de nature à faire présager qu'elle ne sortirait pas de l'attitude expectante qui seule pouvait permettre un résultat immédiat et complet; mais l'enchaînement non interrompu de nos victoires ne devait pas tarder à transformer en défiances ces bonnes dispositions.

Avec quels éléments allait-on faire la guerre? — Parallèle entre les armées de France et de Sardaigne, et l'armée d'Autriche.

Voyons maintenant avec quels éléments et dans quelles conditions notre pays se proposait de soutenir la lutte.

A l'intérieur, des finances en bon ordre, tous les engagements de l'État ponctuellement acquittés, malgré les énormes dépenses entreprises sur tous les points de la France, dans un double intérêt de sécurité et de gloire nationale; un crédit sans limite inspiré par une série d'actes marqués au coin de la plus entière popularité; la nation entière répondant à l'appel du gouvernement par une offre de 2 milliards 300 millions alors qu'on ne lui demandait qu'un demi-milliard.

Telles étaient les ressources du crédit public au moment où le gouvernement se décidait à la guerre : il était donc assuré de ne pas manquer d'argent pour la soutenir.

Sous le rapport militaire, une armée de six cent mille hommes, dont quatre cent mille destinés à garder l'intérieur. Sur ce dernier groupe, deux armées aux ordres, l'une du maréchal Pélissier sur la frontière du Rhin, l'autre du maréchal Castellane sur la frontière des Alpes, se tenaient en observation. Cinquante mille hommes restaient dans nos possessions d'Afrique. Enfin, en Italie, cent cinquante mille hommes ( ) pouvant d'un jour à l'autre recevoir des renforts, et comprenant, outre la garde impériale aux ordres du maréchal Regnaud de Saint-Jean d'Angély, cinq grands corps, dont quatre aux ordres des maréchaux Canrobert et Baraguey-d'Hilliers, des généraux Niel et Mac Mahon, qui ne devaient pas tarder à ramasser le bâton de maréchal sur les champs de bataille ; et le cinquième, aux ordres de S. A. I le prince

(1) A défaut de renseignements précis, que le ministère de la guerre ne livre qu'avec la plus grande réserve, les chiffres que nous mentionnons ne sont qu'approximatifs. La statistique avait, au surplus, trop peu de chose à faire dans cet ouvrage, pour que nous ayons cru devoir lui consacrer une perte de temps considérable.

Napoléon, chargé d'occuper la Toscane et de surveiller le duchés. Enfin, comme major général de cette armée d'Italie, un homme éprouvé par les plus méritants et anciens services, l'ex-ministre de la guerre maréchal Vaillant.

De plus, une escadre de trois vaisseaux de ligne, de batteries flottantes et de canonnières dans l'Adriatique, sous les ordres des amiraux Jurien de la Gravière et Bouët-Willaumez.

Pendant que l'Empereur faisait appel à toute sa résolution pour contenir ce beau noyau de force, Autrichiens et Piémontais, en présence, n'étaient pas moins désireux d'en venir aux mains. — Avez-vous oublié Mortara et Novare, semblaient-ils se dire d'un côté, vous qui prétendez nous résister? — Avez-vous oublié l'insurrection de nos frères triomphante depuis Milan jusqu'à Venise, auraient pu répondre les autres, et le peuple d'une contrée dont vous étiez les maîtres, chassant devant lui vos autorités et vos soldats jusqu'aux gorges du Tyrol? Ne sait-on pas que si nous avons été vaincus, c'est surtout par la discorde semée dans nos rangs et par la trahison? Mais cette fois il n'en sera pas de même, et déjà nous apercevons sur la cime des Alpes la main loyale que nous tend la France.

En effet, les premières colonnes de notre armée commençaient à se montrer aux plaines de l'Italie. Saint-Jean de Maurienne, Useglio, Suse, Exille, Fenestrelles, le mont Cénis et le Simplon revoient les fils de ces fameux guerriers qu'ils ont appris à connaître depuis l'origine de nos démêlés en Italie. Ils s'avancent au milieu de ce beau pays, qui semble promettre à ses habitants toutes les joies de la terre et qui fut si souvent, au contraire, le théâtre de ses convulsions. Partout ils sont accueillis en libérateurs. Les voilà à Turin, puis à Alexandrie, à Nice, à Gênes, où ils retrouvent des compatriotes qui, il y a deux jours à peine, quittaient la terre d'Afrique. C'est le même soleil les mêmes plantes et les mêmes arbres, ils n'ont fait que changer d'adversaires, mais ils n'ont pas changé de cœur.

Parmi cette bigarrure d'uniformes et cette mosaïque de physionomies, quelques corps, particulièrement les zouaves et les chasseurs d'Afrique, se font remarquer par leur attitude martiale et l'empreinte de stoïque résolution qui règne dans toute leur personne.

Qu'il pleuve à torrent ou qu'il darde des rayons de feu, ce n'est pas l'inclémence du ciel qui peut les atteindre. Ils ont comme la conscience de leur tâche écrite en lettres majuscules sur leurs nobles visages : toute de fatigue, de privations et d'obéissance, ils savent qu'ils sont les instruments d'un grand but, et que la France ne peut employer leurs bras à une œuvre indigne.

Combattre avec cette pensée et puis mourir, c'est là que se borne leur rôle et toute leur ambition.

Ils sont ainsi vingt mille en Italie n'attendant qu'un signal pour se jeter à la gueule du canon autrichien sans brûler une cartouche, afin d'entendre sonner plus tôt l'heure de la victoire.

Combien vont trouver la mort dans cette sublime témérité !... Combien peu, relativement, la récompense de leurs services !

Ne manquent-ils pas même pour la plupart, ces cœurs intrépides, de cet espoir en une récompense posthume qui soutient les martyrs de la foi ? Quelle abnégation fut jamais plus complète, et avec de tels hommes que ne pourrait-on entreprendre !...

Ce même soldat qui fait si bon marché de sa vie supporterait au besoin, sans rien perdre de son entrain, toutes les privations auxquelles l'exposent les hasards de la guerre.

Il est vrai qu'une administration prévoyante et bien ordonnée lui assure partout le nécessaire, sans qu'il soit obligé de recourir à aucun de ces moyens violents qui assimilent le passage d'une armée, même amie, à une plaie d'Égypte.

A côté de cette armée, une autre moins nombreuse, mais constituée sur les mêmes bases, et qui réunit à un esprit militaire excellent la fougue du patriotisme italien.

Comprenant dans ses rangs tous les défenseurs de l'indépendance italienne et tous les adversaires du régime autrichien, elle résume dans sa tête et dans ses bras toutes les rancunes et toutes les forces de l'Italie. Jalouse de ne pas se laisser distancer en valeur, elle brûle de l'impatience d'effacer de cruels souvenirs dans une éclatante revanche.

Pour commander cette armée, les généraux La Marmora, Fanti, Durando, etc., hommes instruits, résolus et déjà éprouvés dans la lutte qu'ils vont poursuivre. Comme chef suprême le roi Victor Emmanuel, le descendant de cette illustre maison de Savoie à laquelle il n'a manqué qu'un plus vaste théâtre pour exercer ses belles qualités (1).

Enfin un corps de cinq mille hommes sous les ordres de Garibaldi, destiné à faire diversion en opérant vers le nord et sur l'arrière-garde de l'armée autrichienne. Ce corps, qui, sous la conduite de l'illustre chef de partisans, acquit bientôt une grande renommée, voyait ses rangs grossir de jour en jour. Successivement élevé à huit, dix et douze mille hommes, dans les derniers temps de la guerre il était parvenu au chiffre de quinze mille hommes et avait conquis sur l'ennemi l'artillerie que le gouvernement sarde lui avait refusée.

. . . .

Examinons maintenant l'armée autrichienne.

Pour cela il est nécessaire de remonter aux éléments de sa formation.

La révolution de Vienne en 1848 fut une révélation du travail qui s'opère dans les entrailles de l'empire d'Autriche. Ce n'est que par une force de compression développée chaque jour davantage que cette monarchie parvient à refouler toute idée de réforme.

(1) Voir, à la fin, la Notice historique.

La conséquence fatale de cette situation, c'est de préparer, dans un avenir plus ou moins éloigné ou rapproché, une explosion qui, en renversant le trône de Hapsbourg, livrera en même temps passage à des prétentions et à des utopies aussi peu praticables que le furent, sous la Révolution française, celles du baron Clootz et de Babeuf.

Alors, comment les éléments hétérogènes qui composent cet empire resteront-ils, sinon unis, ce qui n'a jamais été, du moins reliés ensemble?

Si on se livre, en effet, à une analyse de l'empire d'Autriche, on voit qu'il renferme une population d'environ trente-quatre millions cinq cent mille habitants qui se décompose de la manière suivante :

Allemands.	7,000,000
Slaves.	15,000,000
Italiens et Valachiens.	7,000,000
Magyars.	5,000,000
Plus, 500,000 juifs circulant dans le royaume, excepté dans l'Autriche supérieure, le Tyrol, la Carinthie et la Carniole, où il leur est défendu de pénétrer, soit.	500,000
Total égal.	34,500,000

La superficie totale des possessions autrichiennes avant le traité de Villafranca, qui lui retire vingt et un mille kilomètres carrés de terrains, était de quarante-neuf mille quarante-quatre kilomètres carrés.

L'archiduché d'Autriche ou l'Autriche proprement dite n'y figure que pour neuf mille deux cents kilomètres carrés et pour une population de deux millions soixante-quinze mille habitants ; d'où il ressort pour son territoire un cinquième trente-trois centièmes et pour sa population un seizième soixante-deux centièmes comparativement à l'ensemble du territoire et de la population de l'empire d'Autriche avant le traité de Villafranca. La Lombardie, qui vient de lui être enlevée par ce traité, en lui supprimant vingt et un mille kilomètres carrés et trois millions d'habitants, n'a pas changé, comme on voit, sensiblement, ces rapports.

Tout le surplus du contingent est fourni par le Tyrol, une partie de la Bohême, la Hongrie, la Pologne et l'Italie, c'est-à-dire par des peuples n'ayant entre eux de commun ni l'origine, ni les mœurs, ni même le langage.

Comment une armée formée de ces éléments divers, et appelée à soutenir un état de choses dont elle gémit la première, pourrait-elle combattre avec succès contre celle de toutes les armées de l'Europe qui présente, au contraire, le plus d'homogénéité?

Quant à sa constitution, on voit en outre, que rien ne s'y trouve de ce qui pourrait, sinon faire disparaître les jalousies et les rivalités de race, du moins établir entre tous les soldats qui la composent un semblant d'égalité.

Indépendamment des priviléges particuliers à la noblesse, la concession des grades et l'avancement y sont subordonnés à des préférences d'origine et de clocher, suivant le degré supposé de leurs sympathies ou de leur dévouement.

Aux natifs de l'archiduché, de la Styrie et du Tyrol, les grands commandements et les premiers grades; à ceux de la Bohême, de la Galicie et la Moravie ce qui peut rester d'emplois disponibles. Quelques Polonais plus souples ou moins scrupuleux que les autres parviennent encore à s'y introduire çà et là; mais, quant aux Hongrois et aux Italiens, il leur est absolument interdit d'aspirer au moindre galon.

Ainsi, les deux premiers stimulants de l'homme de guerre, l'ambition et le patriotisme, manquent au soldat de l'Autriche.

Cependant il se bat bien, et ce n'est pas d'hier que datent, à défaut de succès, du moins ses titres à une sérieuse estime.

Au jour de la bataille, sa répugnance fait place à l'honneur militaire. L'antagonisme de race et les rivalités de provinces, faiblesse morale de cette armée, deviennent, à l'odeur de la poudre, le premier stimulant de sa valeur.

Mais cette valeur même est relative, et tel qui se ferait un cas de conscience de reculer devant un Anglais, un Russe ou même un Italien, sentira son courage vaciller à la vue des bataillons français.

Ce n'est pas qu'il ait peur ; mais, habitué à chercher une espérance ou un appui dans les rangs de ceux qu'on désigne à ses coups, son bras cède aux défaillances de son cœur.

L'Autriche comptait pendant la guerre quatre cent mille hommes en Italie, c'est-à-dire un peu plus du double de l'armée française et un peu moins du double de cette armée réunie aux Piémontais. Numériquement parlant, ils étaient donc deux contre un.

Mais, si l'on veut obtenir le terme exact de la puissance respective de chacune de ces deux armées, il faut prendre isolément chaque homme et le multiplier par sa valeur intrinsèque de soldat; de cette manière on arrivera dans le camp des alliés à un degré de puissance d'après lequel il y avait vraiment, et dans tous les cas, conscience à terminer la lutte.

La guerre.

Les premiers coups de canon se font entendre sur le sol piémontais, du côté de Villata; c'est le général sarde Cialdini qui a l'honneur du premier feu. Quelques jours après, un combat plus sérieux avait lieu à Montebello, où le général Forey, à la tête de sa division, repoussait l'ennemi, bien supérieur en nombre. Ce lieu semble prédestiné aux actions d'éclat.

A Palestro, les Autrichiens, cherchant à nous disputer le passage d'un canal qui doit nous ouvrir la Lombardie, y sont culbutés par la baïonnette de nos zouaves, qu'ils apprennent à connaître.

Turbigo, ce préliminaire de la bataille de Magenta, où les tirailleurs indigènes, dits *turcos,* ces enfants de l'Afrique pour la première fois séparés de leur mère, firent voir qu'ils en avaient sucé avec le lait toute la brûlante ardeur.

Magenta, où quatre mille hommes de la garde impériale eurent à soutenir, au débouché du pont de Buffalora, le choc de quarante mille Autrichiens. Des renforts, qui ne peuvent être amenés que successivement par ce pont, viennent enfin dégager et couvrir la garde. L'armée française reprend l'offensive, et, après avoir forcé les positions occupées par les Autrichiens sur la rive du Tessin, s'ouvre la route de Milan. Dans cette bataille, l'Empereur eut, dit-on, quatre de ses officiers d'ordonnance tués ou blessés à ses côtés.

Marignan, où chaque maison est transformée en forteresse, les rues hérissées de barricades. Après plusieurs heures de combats acharnés, les Autrichiens sont enfin délogés, et s'enfuient après avoir subi des pertes considérables.

Enfin Solferino, cette lutte gigantesque où l'héroïsme des deux armées, jusque-là contenu dans des limites trop étroites, prend son essor sur une ligne de cinq lieues d'étendue. Nos soldats, qui n'ont pas oublié l'Alma, ont à renouveler ces prodigieuses escalades pour emporter les hauteurs de Cavriana et de Solferino.

Ici l'aigle de la France, un instant arrêtée dans son vol par tous les feux conjurés de la terre et du ciel, se fraye enfin un passage jusqu'à la tour de Solferino, d'où il voit s'enfuir l'aigle à deux têtes des empereurs d'Autriche (1).

Tels sont les faits qu'un laps d'un mois va léguer à l'histoire; ils y tiendront par eux-mêmes, et dans leurs conséquences, une place aussi belle et plus grande qu'aucun de ceux que la France y a déjà inscrits.

Quant aux détails, si l'on se reporte aux nombreuses chroniques du temps, on y verra mille épisodes où la charité chrétienne de ces soldats qui courent si intrépidement à la mort dépasse encore leur courage.

On y verra l'empressement de ceux que les

(1) Ces aigles, que les deux pays ont également placés dans leurs armes, n'offrent-ils pas dans leur conformation respective une image symbolique très-exacte de la politique des deux gouvernements, dont l'un tire toute sa force de son unité parfaite, tandis que l'autre est en ce moment victime de sa politique à deux tranchants?

balles ont épargnés à secourir et à porter dans les ambulances les mourants et les blessés sans distinction de camp.

On y verra les chirurgiens de notre armée déployant dans l'exercice de leur tâche si méritante des forces plus qu'humaines.

On y verra un prêtre animé du souffle divin, M. l'abbé Laine, porter à tous les coins de ces immenses champs de bataille des paroles d'espoir aux mourants.

On y verra l'Empereur se faisant amener des prisonniers, les entretenir avec bonté, et, touché de leur détresse, leur faire remettre de l'argent pour se procurer des vivres et des vêtements.

On y verra ce même homme, visitant, comme jadis le fondateur de sa race, à Eylau, le champ de bataille de Solferino, et, à la vue de tant de victimes, gémir sur la nécessité de ces hécatombes humaines. Une larme, dit-on, coula de ses yeux sur la terre ensanglantée. Bienheureuse Italie, puisses-tu comprendre et recueillir un jour tout le prix de cette larme mêlée au sang de la France!

On y verra encore l'Empereur renvoyant sans conditions les blessés autrichiens lorsque ceux-ci auront été mis en état de regagner leur camp. Étrange manière, aurait-on pensé il y a cent ans, de faire la guerre, et que l'histoire de l'humanité enregistrera sans doute comme le point de départ d'une nouvelle phase dans ses rapports.

Ainsi, après quatre combats et deux grandes batailles, l'armée alliée reste maîtresse de tout le pays compris entre les rives du Tessin et celles du Mincio, c'est-à-dire la Lombardie reconquise sur l'Autriche, et celle-ci, qui se croyait à la veille d'entrer à Turin, réduite à la vaine satisfaction d'avoir un instant posé le pied sur le territoire piémontais, pour en être aussitôt chassée.

Au 21 mai le canon de Montebello donna le signal de son premier pas rétrograde, et depuis lors jusqu'au 23 juin, à la bataille de Solferino, elle ne cesse de reculer devant les baïonnettes françaises et l'impétuosité italienne.

Battue dans toutes les rencontres, l'Autriche se voit contrainte, après un mois de guerre, d'abandonner la Lombardie, un des plus beaux fleurons de sa couronne, et sans autre fiche de consolation que cette Vénétie que la France, toujours magnanime, lui maintient comme pour racheter ses fautes.

Elle laisse 50,000 des siens sur les champs de bataille, entre nos mains environ 15,000 prisonniers, 32 canons enlevés à la baïonnette et 4 drapeaux..... mieux encore : le prestige de sa force évanoui..... Quelle leçon pour l'orgueil germanique!

Mais ces succès sous un soleil de 45 à 50 degrés, après des pluies diluviennes, n'ont pas été conquis sans fatigues et sans sacrifices, et l'armée qui les a accomplis a besoin d'un peu de repos.

Elle chasse devant elle les débris de l'armée autrichienne, passe le Mincio, et déploie ses tentes à l'entrée du quadrilatère.

Pendant qu'une division de l'armée sarde investit Peschiera et que l'infatigable Garibaldi poursuit sa brillante carrière dans la Valteline, l'Empereur se concerte avec ses généraux sur les opérations ultérieures de la campagne.

Le siége de Vérone se présente naturellement comme le point capital des nouvelles opérations.

Mais Vérone est aujourd'hui la plus forte place du continent. C'était le dernier rempart de l'Autriche. Sa prise nous ouvrait la route de Vienne!

En admettant, ce qui était difficile, que nous n'eussions pas à combattre l'Allemagne entière, il fallait donc, pour s'en emparer, écraser tout ce qui restait de forces à l'Autriche. Qu'importe! le mot impossible n'a-t-il pas cessé d'être français?

Des ordres venaient d'être transmis au cinquième corps pour qu'il eût à faire sa jonction. Sur l'Adriatique, l'amiral Jurien de la Gravière se disposait à engager les hostilités contre Venise. La haute Italie allait devenir le théâtre d'une de ces conflagrations comme les siècles n'en avaient jamais vues, lorsque le bruit d'une nouvelle tentative de médiation des trois grandes puissances commença à se répandre.

L'Empereur, jaloux de prévenir toute effusion de sang inutile, fait aussitôt porter à l'empereur François-Joseph une offre d'armistice qui, dès le lendemain, dans l'entrevue de Villafranca, aboutissait à une paix définitive.

La paix de Villafranca.

Voilà donc cette paix. Et le programme? disait-on; que vont devenir les Vénitiens? Ou il ne fallait pas faire la guerre, ou il fallait aller jusqu'au bout. Telles sont les clameurs qui s'élevèrent.

Cette émotion, bien légitime d'ailleurs, une fois calmée, si l'on veut examiner attentivement et impartialement cette paix, on reconnaîtra bientôt qu'on s'est trop pressé d'en médire et qu'elle avait du bon.

Elle arrivait au moment où la France venait de retrouver son épée d'Austerlitz et de Wagram, et quand sa gloire ne pouvait plus s'étendre. En permettant la réalisation d'une puissance italienne, ce rêve de tous les grands hommes passés, elle venait mettre un terme à des scènes de carnage qui n'avaient déjà que trop duré et qui répugnent aujourd'hui à la conscience humaine.

Sans doute il en coûtait au cœur de Napoléon de retrancher une province de son programme, mais le cri même de cette auguste conscience se reprochant d'avoir détruit de nobles illusions et de patriotiques espérances, n'était peut-être qu'une erreur de sa générosité.

La Vénétie n'est-elle pas rattachée à la confédération italienne? Qui sait si le meilleur moyen de sauvegarder les intérêts de cette partie de l'Italie où l'exaltation du parti républicain pouvait tout compromettre n'était pas d'attermoyer au moyen de cette transaction dont le seul tort était de ressembler à un abandon?

Ou ne pas faire la guerre, ou la pousser jusqu'au bout; telle est l'objection principale qui s'est produite.

C'est là au fond une logique assez complaisante et qui ne demande qu'à capituler.

Disons-lui donc que dans cet ordre d'idées, tout ou rien, elle arrive à ce qu'il y a au monde de plus perfide, autrement dit, elle tombe dans un système.

C'est par le système, qui de sa nature est absolu, que l'homme s'égare et risque de se perdre. Le système, aveugle et sourd par principe, est également insensible au raisonnement et à la lumière. C'est lui qui, en 1793, couvrit la France d'échafauds, et un souverain ne saurait trop s'en méfier. Il est des cas où la persistance, qui est en elle-même une qualité, peut tout perdre, et où, au contraire, un moyen terme peut tout sauver.

C'est en politique surtout et sur le terrain mouvant de la guerre qu'il faut savoir se plier aux circonstances et ne rien accorder à l'entêtement.

Que penserait-on d'un médecin qui tuerait son malade pour rester fidèle à l'ordonnance? Sera-t-il tenu à moins de circonspection quand ce malade est un grand peuple dont l'existence à tous égards est si précieuse?

Mais est-ce à dire pour cela qu'il ne fallait ni rien faire ni rien tenter?

Les résultats acquis et la conscience publique sont là pour répondre.

. . . .

Indépendamment de l'avantage de paraître céder à un désir des cours étrangères, voyons quelles pouvaient être les autres raisons de faire la paix.

Autrefois, l'intérêt de leur politique présidait seul aux conseils des rois. Aujourd'hui un nouvel élément est venu s'y asseoir cet élément c'est la raison d'humanité. Nous ne pouvons admettre qu'après le carnage de Solferino, elle ait été sans influence sur la détermination même de l'Autriche. Au dire de l'empereur François-Joseph, cinquante mille de ses soldats étaient restés dans ces ravins et sur ces collines témoins de tant d'exploits. En supposant, avec une continuation de la lutte, une progression dans le chiffre des victimes, qui se refuserait à croire que le cœur de cet empereur de trente ans ne se soit pas soulevé?....

Voilà donc l'armée française installée dans ce fameux quadrilatère. La nouvelle tournure qu'allait prendre la guerre et le temps qu'exigerait le siége de Vérone ne permettaient pas d'espérer qu'elle pût en sortir avant un laps de six semaines à deux mois.

D'un autre côté, il était impossible de se garder et d'empêcher le ravitaillement de la place, sans violer un territoire neutre en jetant le défi à toute l'Allemagne.

Qui sait alors, en soufflant sur les vieux préjugés de races qui s'endorment mais ne s'éteignent pas dans le cœur des peuples, qui sait où l'on serait allé !

Ce sont ces hasards que l'Empereur n'a pas voulu courir. Il pouvait s'aider de la révolution, mais là encore existait un danger non moins grand.

Derrière le drapeau de l'indépendance, toutes les prétentions, tous les rêves, toutes les utopies, toutes les ambitions cherchaient déjà à se réunir. Ne sait-on pas les coups d'audace de ces ennemis éternels du sens commun ! Quel intérêt à poursuivre pourrait faire oublier un seul instant celui du principe conservateur des États et de la société ?

L'Italie, la Hongrie, le cœur même de l'Allemagne, la Pologne, la France, l'Angleterre, ce foyer de la civilisation du monde, est précisément le point où fermente avec le plus de force l'idée de destruction et de bouleversement dont ce parti est l'organe. Saper et abattre est son premier but, la violence son seul moyen. La force brutale, la crédulité et l'ignorance composent son armée, et c'est justement parce que l'instrument est aveugle et sourd qu'il est plus à craindre dans les mains qui ne craignent pas de s'en servir.

A côté de ce parti, et fatalement poussé dans la même voie, quoique bien distinct, marche le parti républicain. On sait que c'est en partie aux divisions qu'il engendra en 1848-49 parmi les défenseurs de l'indépendance italienne qu'il faut attribuer l'échec de cette première levée de boucliers.

Rome, cette terre classique de la liberté et du despotisme, finit par succomber sous le poids des chaînes qu'elle forgeait pour le reste du monde ; et pendant qu'elle étendait ses bras depuis les rives de la Seine jusqu'à celles de l'Euphrate, Milan, Côme, Pavie, Crémone, Bergame, Mantoue, Vérone, Padoue et Venise, sorties de ses mains, rêvaient déjà la liberté sous l'inspiration de leurs poëtes.

Ce vieux levain qui jamais n'a disparu de l'Italie, rajeuni sous le gouvernement éclairé de Charlemagne, ne pouvait périr dans la patrie de Savonarole.

A la faveur des guerres sans fin des Guelfes et des Gibelins (cette vieille querelle de la démocratie chrétienne contre l'absolutisme temporel), on voit l'idée républicaine se propager et former bientôt la tige dont Gênes, Venise, et plus tard la république Cispadane, devaient sortir.

Si nous regardons autour de nous, que se passait-il à quelques marches du théâtre de la guerre? Ancône, Rimini, Sinigaglia, Forli, Bologne, Pérouse, etc., poussés à un soulèvevement contre leur souverain légitime, deviennent un nouveau sujet de méfiance contre les intentions déjà si mal interprétées du gouvernement français.

A Pérouse, où le mouvement a été plus loin, les troupes suisses se livrent à de sanglantes représailles sur la population. Ne voit-on pas dans ces faits la main d'un parti piémontais qui ne cesse de poursuivre, soit la sécularisation du gouvernement papal, soit encore la suppression complète du pouvoir temporel des papes, dans un but d'envahissement de ce côté? Quoi qu'il en soit des véritables intentions de ce parti, si quelque chose peut dépasser l'odieux des moyens, c'est l'ingratitude de ceux qui les emploient, et ce ne fut pas là, sans doute, le moins amer du calice qu'il a fallu boire.

Si nous prenons enfin la question à la gorge

pour lui arracher son dernier mot, qu'y trouvons-nous?

Une paix anticipée peut-être, mais non pas une paix stérile, et toujours une paix glorieuse... une paix qui, sans toucher immédiatement au but, nous le montre comme très-prochain... une paix, après tout, qui régénère l'Italie entière si on veut faire la part du mouvement qui s'est produit dans les duchés, et dont le contre-coup s'est fait sentir jusqu'à Naples et la Sicile... une paix, enfin, qui constitue l'unité de l'Italie sous la présidence d'un prince assez italien pour se dévouer entièrement à l'œuvre, et assez libéral pour marcher avec son siècle et donner satisfaction à toutes les tendances raisonnables... une paix qui, sous l'égide de la croix et dans les mains de Pie IX, devient le plus puissant auxiliaire de l'union et de la liberté italiennes.

Admettons un instant que l'Empereur, emporté par l'élan de ses troupes, ou seulement, pour ne rien supprimer de son programme, ait entrepris de poursuivre la guerre jusqu'aux confins de la Carinthie, et supposons la France aux prises avec l'Allemagne et dans le Tyrol, et dans la Vénétie, et sur les bords du Rhin.

De deux choses l'une : ou elle succombait sous la main occulte de l'Angleterre et les efforts réunis de toute l'Allemagne, ou elle sortait victorieuse de la lutte.

Premier cas : Victorieuse, l'immensité de son pouvoir la rendait un nouvel objet d'inquiétude pour l'Europe entière, et de là à une nouvelle coalition, le pas serait bientôt franchi. Forcée de reprendre son épée de combat, la France entraînait forcément dans la lice l'Italie, dont les destinées étaient ainsi remises en question.

Deuxième cas : Supposons, au contraire, la France refoulée et vaincue par un suprême effort de l'Allemagne unie à l'Angleterre et secondée par l'anarchie, qu'arrivait-il en mettant les choses au mieux? Une nouvelle déchéance de la dynastie que la France s'est choisie pour fermer toutes ses plaies et fondre toutes ses divisions, et encore l'Italie enlevée à notre protection et à notre influence pour retomber à la merci de ses anciens maîtres.

Dans l'un ni dans l'autre cas, l'indépendance de l'Italie n'était donc assurée. On voit, au contraire, qu'en poursuivant la guerre, la cause italienne, au lieu de gagner des pions, ne pouvait qu'en perdre sur le grand échiquier de la fortune.

C'était donc agir sagement de lui assurer, dès que les circonstances l'offraient, le prix du sang versé, sauf à examiner plus tard les meilleurs moyens d'achever ce qui restait à faire.

Isole-t-on l'acte en lui-même? on ne peut s'empêcher de reconnaître ce qu'il y a de chevaleresque et de vraiment français à faire merci à l'ennemi tombé et qui s'avoue vaincu. Il ne pouvait entrer, d'ailleurs, dans les intentions du gouvernement français de trop amoindrir l'Autriche, toute diminution de cette puissance devant se traduire par une augmentation équivalente de la Prusse. Or, une Allemagne forte au centre du continent n'est pas moins nécessaire à son équilibre que le fléau entre les deux plateaux d'une balance.

L'honneur français était suffisamment garanti par de nouveaux lauriers; et d'un orgueilleux entêtement à un acte de bonne foi politique qui désarmait l'Europe, le choix ne pouvait être douteux.

C'était faire acte d'une noble indépendance

et de sollicitude pour l'armée que de traiter immédiatement avec l'empereur d'Autriche, sans attendre l'œuvre interminable des diplomates.

C'était se montrer justement pénétré de son droit, de ne pas laisser à d'autres le soin de régler des intérêts que la France avait pris sous sa sauvegarde.

C'était faire comprendre à des voisins qui ont joué dans toute cette affaire le rôle de la mouche du coche, qu'on n'avait pas plus besoin d'eux pour fixer les conditions de la paix qu'on n'en avait eu besoin pour conduire la guerre à une heureuse issue.

Dans notre pays, où les lauriers sont communs, c'était donner le spectacle plus rare de l'orgueil sacrifié aux intérêts de la patrie.

C'était encore profiter des exemples d'une autre époque en se ménageant, vis-à-vis d'une puissance irritable et rancuneuse, un pied et des influences.

Celui qui signait cette paix sait que la force ni l'astuce ne donnent la vraie puissance, et que, dans les relations des États comme dans celles des individus, la droiture et les procédés sont toujours les plus sûrs moyens d'influence.

C'était faire asseoir, dans les conférences de Zurich, l'esprit de justice et de modération appuyé sur l'autorité de la victoire.

En fin de compte, s'il était démontré plus tard que l'Autriche est un obstacle insurmontable à la constitution de l'unité italienne, et que la paix en Europe ne peut être solidement assise tant qu'elle aura un pied en Italie, qui sait si ces États, dont la France a eu à subir les injustes soupçons, ne seraient pas les premiers à venir solliciter son concours pour mettre fin à un état de choses que l'Europe entière aurait intérêt à voir cesser?

Résumé.

Qu'est-ce que la France a retiré de cette guerre et de cette paix? demandent ceux qui ne croient qu'à ce qu'on leur fait toucher...

De l'autre côté du détroit, c'était encore, il y a quelques jours, une question de savoir si l'Angleterre se ferait représenter aux conférences de Zurich.

L'argument que mettait en avant le *Morning Post* en faveur d'une participation, c'est que par le système contraire « les Anglais verraient, « peut-être bientôt, leurs relations d'affaires « interrompues en Italie avec une population de vingt-six millions d'habitants qui « pourraient devenir les meilleurs chalands « (*customers*) du commerce britannique. »

Quant à nous, ce n'est pas assurément un

écoulement de nos cotonnades, ou même de nos soieries que nous sommes allés chercher en Italie, bien que peut-être ce résultat se trouve implicitement compris dans le traité de Villafranca.

La France de 1859, avant de penser à faire la guerre pour des intérêts de cette nature, a une autre mission à remplir : celle de fonder la paix en Europe sur la fraternité des peuples.

De tout temps, elle s'est montrée si légère sur ses affaires d'intérêt qu'elle s'est laissée frustrer, comme par coquetterie, de ses principaux comptoirs dans les mers du Sud.

L'île Maurice et Madagascar, passés en des mains plus avides, sont là pour attester qu'elle met plus haut sa gloire, ou tout au moins, que le moment n'est pas encore venu de vider ces vieilles querelles.

En 1800, la folle, enivrée de succès et provoquée d'ailleurs par l'étranger, se laissa emporter par l'esprit de conquête.

Mais en 1859, la France, éprouvée à toutes les écoles, n'aspire plus qu'à l'honneur de marcher à la tête des nations, mettant toute sa gloire à ne laisser commettre en Europe aucun abus de force, aucun attentat politique.

. . . .
. . . .

Au résumé, quels sont les résultats de cette courte campagne?

Ils sont de deux natures : d'une nature positive et d'une nature morale.

Les résultats positifs sont :

1° Cette iniquité politique qui a nom : les traités de 1815, à jamais abolie;

2° La Lombardie rendue à ses maîtres légitimes, et un grand pas de fait dans la question d'Italie jusque-là restée à l'état de projet;

3° La Vénétie rattachée à la Confédération italienne;

4° L'union italienne fondée;

5° La constitution d'une puissance réelle au midi de l'Europe, et conséquemment une meilleure assiette de l'équilibre européen;

6° L'amnistie générale;

7° L'Autriche tenue à distance respectueuse de nos frontières.

Les résultats de l'ordre moral sont :

1° L'influence française devenue prépondérante en Europe, moins encore par l'ascendant de la victoire que par l'estime et la confiance qu'inspire son gouvernement;

2° L'honneur d'avoir soutenu une guerre de principe sans aucune ambition personnelle, et d'avoir apporté cette nouvelle pierre à l'édifice de la paix.

Conclusion.

Mon but, en écrivant cette brochure, était de démontrer :

Que, dans les conjonctures où se trouvait le différend austro-italien et par les traditions de sa politique et de son histoire, la France ne pouvait se dispenser de prendre un rôle actif dans les affaires d'Italie ;

Que, d'un autre côté, d'après la tournure des événements et l'injustice de l'Europe, la France, étant amenée fatalement à choisir, pour atteindre son but, entre une guerre générale et la paix, l'hésitation n'était pas permise.

J'ai démontré qu'en optant pour la guerre, le résultat de cette conflagration ne pouvait être que de constituer en Europe un pouvoir immense, dans l'orbite duquel l'Italie se trouvait forcément entraînée aux dépens de sa propre liberté.

J'ai dit mes impressions sur la manière dont ces grands événements ont été conduits et modérés, et je serai payé au centuple si j'ai pu arriver à les faire partager à quelques-uns de mes lecteurs.

Mais ce à quoi je tenais d'abord en écrivant ce petit livre, c'est de faire acte de bonne foi et de conscience en examinant à fond, et dans toutes leurs déductions probables, les grands événements dont je viens d'être témoin, et dont je suis l'un des plus sincères admirateurs.

15 août 1859.

FIN.

Notice historique.

Consacrons en passant quelques lignes à ceux des princes de cette maison qui occupent la meilleure place dans les chroniques de Savoie.

Tels sont :

En 1350, Amédée VI, surnommé le comte Vert. — Il remit en vigueur dans sa cour tous les usages de l'antique chevalerie, dont il était le plus fidèle observateur. C'est ce qui lui fit adopter dans ses habits et dans ses armes la couleur vert obscur, réservée autrefois aux chevaliers errants, et lui valut le surnom de comte Vert. Après la bataille de Poitiers, où le roi Jean fut fait prisonnier (1356), le dauphin Charles, régent de France, en lutte contre la jacquerie, réclame l'assistance du comte Vert en termes qui dénotent tout le prix qu'il attache à son alliance.

. . . .

. . . .

En 1410, Amédée VIII, sous lequel la Savoie, considérablement agrandie, fut érigée en duché. Son premier titre à la reconnaissance des Savoisiens fut le Code des lois, où il fondit ensemble tous les règlements faits non-seulement par les comtes de Savoie, ses devanciers, mais encore par les barons de Faucigny, les sires de Beaujé et les comtes de Genève, auxquels il succédait. Ce Code, rédigé en latin par Jean de Beaufort et connu sous le nom de *Statuta Sabaudiæ*, fut publié à Chambéry le 17 juin 1430, et il a servi de fondement aux constitutions royales faites près de trois siècles après.

« La partie des statuts d'Amédée VIII (écri-
« vait Costa de Beauregard en 182[illegible]) est remar-
« quable par le ton paternel et religieux qui
« respire dans leur rédaction. Les principales
« fixent l'état des notaires et tendent à la con-
« servation des biens des mineurs et des orphe-
« lins. Elles ordonnent que, dans les tribunaux,
« les causes des indigents soient les premières
« jugées et que des défenseurs leur soient four-
« nis gratuitement. Elles tempèrent les abus
« qui s'étaient introduits dans les exactions féo-

« dales. Enfin, on y trouvera la première ébau-
« che du Code criminel d'aujourd'hui—si gé-
« néralement et si justement estimé. »

Amédée VIII, élu pape en 1438 par le concile de Bâle, porta la tiare pendant neuf ans, sous le nom de Félix V.

. . . .

. . . .

En 1554, Emmanuel-Philibert, l'un des signataires de la paix de Cateau-Cambrésis, entre Philippe II d'Espagne et Henri II de France. Par ce traité la Savoie rentrait dans la plus grande partie des provinces que le roi François Ier avait prises au duc Charles, son prédécesseur.

Ce prince fût le François Ier de la Savoie. Il montait sur le trône ducal au moment où la mort frappait son émule de l'autre côté des Alpes.

Tout le monde a pu voir la belle statue équestre où, de retour de ses brillantes campagnes de Flandre, d'Allemagne et d'Italie, il est représenté au moment où il remet son épée dans le fourreau.

. . . .

. . . .

En 1660 Charles-Emmanuel, IIe du nom, fait prévaloir à la cour de Savoie la langue et les usages de France sur ceux d'Espagne précédemment adoptés. La régente Christine de France, et après elle Jeanne-Baptiste de Nemours, y introduisirent, comme Anne d'Autriche dans celle de Louis XIV, la somptuosité élégante, le goût des plaisirs nobles et délicats.

« Du temps de ma tante (dit mademoiselle de « Montpensier dans ses Mémoires) la cour de « Savoie était magnifique et même romanesque. « C'était le séjour des fêtes et de la galanterie. »

Le comte de Grammont en parle de même.

. . . .

. . . .

En 1690, sous Victor-Amédée II, après soixante ans de paix, la guerre éclate de nouveau entre la France et la Savoie.

On rapporte que le maréchal de Catinat ayant incendié sa maison de plaisance de Rivoli, et le duc voyant brûler du haut de la colline de Turin sa demeure favorite, dit à ceux qui l'entouraient et qui déploraient une si grande perte : « Plût à Dieu que tous mes palais fus- « sent ainsi réduits en cendres, et que l'ennemi « épargnât les cabanes de mes paysans ! »

En 1713, ce vaillant prince est couronné à Palerme roi de Sicile, puis, en vertu du traité de Londres, il échange la Sicile contre la Sardaigne et prend le titre de roi de Sardaigne qui depuis est resté à ses descendants.

. . . .

. . . .

C'est Victor-Amédée III qui occupait le trône de Savoie ou de Sardaigne lorsqu'éclata la Révolution française. Chéri de son peuple qu'il gouvernait avec sagesse, il cherche à le préserver du jacobinisme. L'hospitalité qu'il donne à ses gendres, frères du roi Louis XVI, et son refus d'admettre comme ambassadeur le citoyen Sémonville, dont les principes lui étaient connus, servent de prétexte à la Révolution débordée pour envahir ses États.

Le traité de Paris, par lequel il devenait le très-humble vassal de la Révolution française, lui porta le coup de la mort, et il rendit le dernier soupir à Moncalieri, six mois après y avoir donné sa signature. (15 octobre 1796.)

. . . .

. . . .

En 1848 et 1849, on a vu le roi Charles-Albert appuyer de ses forces l'insurrection italienne un moment triomphante; puis il est amené par des circonstances malheureuses à signer, le 5 août 1848, la convention de Somma-Campagna qui assurait une amnistie générale. La mauvaise foi et les violences de Radetzki le ramenèrent bientôt dans la lutte où il fut battu, le 23 mars 1849, à la bataille de Novare.

Ce prince, ne pouvant se décider à signer la paix, abdique en faveur de son fils le roi Victor-Emmanuel. Il meurt le 28 juillet suivant à Oporto.

. . . .

. . . .

Le roi Victor-Emmanuel, par son attitude dans la paix comme dans la guerre, a prouvé qu'il ne voulait pas rompre avec ses traditions de famille, et il vient de se montrer, sur de nouveaux champs de bataille, le digne allié de la France.

TABLE DES MATIÈRES.

www.ingramcontent.com/pod-product-compliance
Ingram Content Group UK Ltd.
Pitfield, Milton Keynes, MK11 3LW, UK
UKHW020403230726
13925UKWH00003B/1232

9 782014 096064